Hannes Stube

Auf eine
blauen Plar

Life is a s

1. A
© 20

Hers
Verl

Alle
der
auch
(dur
Gen
elek
Säm
Bea
Her

Ges
© C
© F

Prir

ISB

schreib's auf
story.one

Die einzige Konstante eines jeden
Lebens ist die ständige Veränderung.

INHALT

Der Verkehrsampelreiniger

Mein ehemaliger Mitbewohner aus der WG vermittelte mir einen Job. Nachts kurvte ich mit einem älteren Arbeitskollegen durch Wien und hatte die Verkehrsampeln der Stadt zu reinigen. Jene, die am Boden standen, waren einfach, die in sieben Metern Höhe hingen nicht so leicht zu putzen. Der Kollege war fast sechzig und nicht schwindelfrei, darum übernahm ich, mit meinen munteren 22 Jahren, das Reinigen der Hängeampeln.

Auf der Ladefläche des VW-Pritschenwagens befand sich eine ausziehbare Aluminiumleiter, die ich händisch hoch kurbelte, um mit gefülltem Eimer auf dem schwankenden Ding hinauf zu steigen. Einige Ampeln hingen so hoch, dass ich ganz oben stehen musste, um arbeiten zu können. Ich balancierte dann auf der letzten Sprosse und hielt mich an der schwankenden Ampel fest, während ich sie aufschraubte, den Reflektor putzte, manchmal eine Birne austauschte, zuschraubte und das Glas außen abwusch. Zur Sicherung des Wagens, der auf der Kreuzung stand, gab es nur ein reflektierendes

Warndreieck, das wir etwa zwanzig Meter hinter uns auf die Fahrbahn stellten.

Wir fuhren von einer Kreuzung zur nächsten, machten unsere Tour. Eine laue Sommernacht. Die Stadt ging langsam schlafen. Nach Mitternacht waren wenige Autos unterwegs. Der Verkehr am Gürtel floss zu beiden Seiten des Wagens dahin. Ich schraubte und wusch, aber häufiger als sonst blickte ich in die Richtung, aus der die Autos kamen. Ein unerklärliches Gefühl machte sich in mir breit, wenn ich wieder auf der letzten Sprosse stand. Besser du steigst ein Stück hinunter, sagte eine Stimme in meinem Hirn. Ich machte das. Man war so ausgeliefert ganz oben.

Da: ein Reifenquietschen! Aus den Augenwinkeln sah ich, wie ein Auto auf mich zu schlitterte und in das geparktes Fahrzeug unter mir krachte. Instinktiv hatte ich mich an die Aluminiumleiter geklammert. Mit dem Hinterkopf schlug ich gegen die Ampel. Und los ging der wilde Ritt. Die Hausdächer tanzten auf und ab wie Wellen am Meer. Dann stand der Wagen. Obwohl die Handbremse angezogen war, wurde der Wagen quer über die Kreuzung geschoben und erst vom Gebüsch gebremst. Den Wassertank hatte es von der Ladefläche gerissen. Eine Weile hockte ich auf der Leiter, ehe ich herunter kletterte. Aus den Haaren tropfte Blut.

Autos blieben stehen, Menschen kamen, um zuzuschauen, dann Rettung und Polizei. Der Fahrer des Unfallwagens lag verletzt im Wrack. Die Ambulanz brachte uns ins Krankenhaus. Den Rest der Nacht schlief ich mich aus. Ich hatte nichts, nur ein Pflaster am Kopf.

Nach Mittag flüchtete ich unbemerkt aus dem Spital. Es war mir gelungen, mit einem Trick die Kleidung zurückzubekommen. Ich spazierte hinaus und dachte an diese Stimme in meinem Gehirn, die mir geholfen hatte. Drei Sekunden vor dem Aufprall war ich tiefer gestiegen. Ganz oben stehend, hätte es mir die Leiter unter den Füßen weggezogen. Mein Körper wäre wie ein nasser Sack auf den Asphalt geklatscht oder ich wäre wie ein Klammeraffe auf der Ampel gehangen.

Die Zigeuner in Les Saintes Maries de la Mer

Schon der Name des Ortes klang verheißungsvoll: Les Saintes Maries de la Mer! Das Meer und die heiligen Marien - ich wollte unbedingt wieder dorthin! Schon im Jahr zuvor hatte ich das Zigeunerfest in Les Saintes Maries de la Mer für einige Tage besucht. Die provenzalische Legende erzählte, anno 40 hätte ein Flüchtlingsschiff hier angelegt, mit Maria Magdalena und einigen anderen an Bord, auch der Schwarzen Sarah. 1448 begannen die Zigeuner ihre Pilgerfahrt zur Sarah, die seitdem ununterbrochen fortgesetzt worden war.

Südfrankreich war zu einem Sehnsuchtsort für mich geworden. Mit 19 Jahren nahm ich wiederum den Zug nach Marseilles und einen bis Arles. Von dort fuhr ich per Anhalter durch die sumpfige Camargue in das Dorf an der Küste. Ich fuhr zu diesem Fest, das jeden Mai Tausende von Zigeunern aus ganz Europa anzieht - und Touristen dazu. The Time of the Gipsies: große Familientreffen, Tanz und Flamenco, aber auch Verehrung der drei heiligen Frauen.

Die wenigen Straßen des Ortes waren von vielen Menschen bevölkert. Handleserinnen boten ihre Dienste an, spanische Trachten und Schmuck wurden verkauft. Einen Platz für mein Zelt fand ich am östlichen Ende des Dorfes, schon so halb in den Sanddünen. Es standen dort bereits mehrere Zelte junger Leute. Im Flimmern der Ferne erblickte ich Scharen von rosa Flamingos. Am Abend brannten Lagerfeuer, wurde in mehreren Sprachen gesungen und auf Gitarren gespielt, während die windgepeitschten Wellen an die Küste schlugen.

Die Kirche erinnerte an eine mexikanische, der Altar stammte aus der Zeit der Mithrasverehrung. Am ersten Tag des Festes fand eine Morgenmesse statt, am Nachmittag folgte die große Zeremonie. Die Statuen der beiden Marien und die der Sarah wurden aus der Kirche geholt und auf den Schultern der Reiter ins Meer getragen. Es war ein Riesentrubel. Die Reiter drängten ihre Pferde aneinander, die Menge trieb an die Pferde heran. Jeder wollte so nah wie möglich bei der Schwarzen Sarah sein oder sie gar berühren.

Später ging ich am Dorfrand spazieren und fand ein Gasthaus mit schattigem Garten. Ein Schild davor kündigte an, dass am Abend Manitas de Plata hier aufspielen würde. Gerne hätte ich dem virtuosen Gitarristen zugehört, doch mein Budget war derart marginal, dass ich sparen musste - also auf das Konzert verzichten. Ich traf einen Wiener Bekannten, den ich von der Schule kannte, und wir lernten bald darauf zwei junge Französinnen kennen, mit denen wir uns anfreundeten. Sie stellten ihr Zelt neben den unsrigen auf. Ab nun waren wir nur noch als Quartett unterwegs.

Am zweiten Tag wurden Repliken der Statuen der Marien und der Sarah mit einer großen Prozession zum Strand getragen und in ein Boot gesetzt, damit sie das Meer segneten. Zum Abschluss fand eine Verbrennung der Repliken statt. Es qualmte auf den Wellen ... smoke on the water. Drei Tage später nahm ich meinerseits Abschied von Les Saintes Maries de la Mer und den Freunden und stieg in den Nachtzug nach Paris.

Der in die Jahre gekommene Jugendklub

Der Ostermontag war ein heißer sonniger Tag. Ein rundes Dutzend traf sich an diesem Tag in einem Heurigenlokal in Gänserndorf zum Essen und Plaudern. Der Anlaß war das 50-jährige Jubiläum unseres astronomischen Jugendklubs „Vindemiatrix". Drei Monate vor der ersten bemannten Mondlandung hatten wir ihn gegründet. Für gut zwanzig Jahre war Gänserndorf der Ort unserer Aktivitäten gewesen, und darum trafen wir uns diesmal dort, wo vor genau einem halben Jahrhundert alles begonnen hatte.

Alt waren wir geworden - und Pensionisten. Keiner hätte damals an die Rente gedacht, als wir mit einem kleinen 70-mm-Linsenfernrohr unsere ersten Beobachtungen machten. Auf einem nahe der Kirche gelegenen Hügel, dem Halterberg, von unserem blauen Planeten aus, observierten wir Mondkrater, Mars, Venus, Sternhaufen und Doppelsterne.

Durch Peter Reinhards astronomische Artikel in der „Wochenschau" hatten sich einige junge Leute gefunden, darunter auch ich, die sich für die Astronomie interessierten. Ich war 14 Jahre alt und leitete meinen „Astral-Klub", der etwa zehn Mitglieder zählte. Wir fusionierten mit den Wiener Jugendlichen. Peter und ich gründeten den AJC, den Astronomischen Jugend-Club. Im Pfarrhaus hinter der Kirche befand sich die Bude der Studentenverbindung „Leopoldina", der ich als Gymnasiast angehörte, und hier durften wir uns alle zwei Wochen treffen.

Die lebhaften Diskussionen in unserem geliehenen Klubheim waren, der Zeit entsprechend, oft der Weltraumfahrt gewidmet, schließlich stand die erste humanoide Mondlandung unmittelbar bevor. Unsere Klubzeitschrift, die „Sternenrundschau" erstellten wir anfangs mittels Wachsmatrizen auf einer schweren, meist ziemlich schmutzigen Abziehmaschine. Die Schrift erschien einmal monatlich. Auf einer mechanischen Schreibmaschine tippten wir die Beiträge. Heute erscheint das Blatt noch dreimal jährlich.

Bevor das Essen kam, hielt Peter, der 70-jährige Präsident des Jugendklubs eine kurze Rede. Er war es, der den Verein über die Jahrzehnte am Leben gehalten hatte. Mich interessierten schon bald andere Themen wie Motorräder, Autos, Frauen, Reisen. Und nun? Was machen mit dem in die Jahre gekommenen Jugendklub? Peter hatte daran gedacht, ihn zeitgleich mit dem 50-er-Jubiläum aufzulösen, doch nun ließ er es sein. Der Klub konnte auch weiter machen, er störte niemanden.

Nach dem Heurigenbesuch schlenderten wir zum Halterberg hinüber. Wir standen eine Weile auf dem Hügel herum und erinnerten uns an die alte Zeit. Weit und breit war damals keine Spur von Computer, Internet oder Handy zu sehen gewesen. Wenn uns jemand gesagt hätte, dass es in drei Jahrzehnten ein handgroßes Gerät gäbe, mit dem man um die Welt telefonieren könnte, hätten wir ihn ausgelacht – obwohl wir begeistert von Science Fiction waren.

Was für eine andere Zeit das war, tja! Kreuz und quer ein rasches Händeschütteln, dann verdrückten wir uns und fuhren, jeder für sich, still nach Hause.

Der Teufel in der Kirche

Das Wochenende stand vor der Tür. Übermütig sprang ich von einem Teil des Gerüstes, das die Kanzel umgab, zu einem anderen hinüber, und wollte mich wie Tarzan auf der Querstange abfangen. Mit meinem Arbeitskollegen hatte ich den neun Meter hohen Altar, den Tisch und die Kanzel der Kirche in Lockenhaus zu restaurieren. Eine Aufgabe, die mehrere Monate dauerte. Einquartiert waren wir von Montag bis Freitag bei einem Wirten im Dorf, bei ihm aßen wir auch. Das Zuhause in Wien sahen wir nur am Wochenende.

Vor langer Zeit war alles in der Kirche schwarz übermalt worden, aber nun wünschte man sich den bunten Originalzustand zurück. Wir kratzten das Schwarz ab und restaurierten den hölzernen Altar, der mitsamt seinen Säulen auf Marmor imitiert war. Ganz oben auf dem Altar, wo unser Gerüst schon leicht schwankte, lag dick Jahrhunderte alter Staub, der mich niesen ließ.

Seit acht Jahren schon fand im Sommer das vom Geiger Gidon Kremer geleitete Kammermusikfest in der Lockenhauser Kirche statt, weswegen wir im Winter arbeiten mussten. Im Jänner begannen wir bei drei Grad Raumtemperatur. Die Sitzheizung wurde leider nur zur Heiligen Messe eingeschaltet. Da arbeiteten wir nicht. Der Pfarrer war stolz, dass in seiner Kirche Konzerte veranstaltet wurden. Er war ein eleganter Typ, trug weiße Zivilkleidung und fuhr einen weißen Mercedes Coupé. Seine Urlaube verbrachte er immer auf derselben karibischen Insel. Zu einer Besprechung im Pfarrhaus erschien er einmal in weißen Handtüchern, frisch aus seiner Sauna.

Endlich war es Frühling und wärmer in der kalten Kirche geworden. Ich freute mich auf das kommende Wochenende und sprang zum anderen Teil des Gerüsts. Leider blieb mein Sweatshirt an einer Schelle hängen. Der Sprung misslang. Nur der Daumen der linken Hand erreichte die Stange. Ich fiel in die Kirchenbank hinunter. Es war nicht tief, etwa drei Meter, und zum Glück landete ich in einer Bankreihe und nicht auf der Brüstung oder einer Kante. Ich war unverletzt, einzig das Daumengelenk war beleidigt, gesprungen, schmerzte. Das Wochenende war geliefert, meine Vorfreude beim Teufel.

Nach dem Krankenstand arbeitete ich weiter. Wenn der einarmige Mesner in die Kirche kam und mich am Abkratzen von Kanzel, Altar oder Altartisch sah, rief er oft empathisch aus: „Der rote Teufel!" Wir mussten beide lachen. Ich trug nie eine typische Arbeitskleidung, sondern immer mein übliches Gewand. In diesen Monaten in Lockenhaus hatte ich immer eine rote Hose und ein rotes Sweatshirt an, was den Mesner, der einen Arm im Zweiten Weltkrieg gelassen hatte, zu diesen Äußerungen verleitete.

Ein jovialer geselliger Typ, kam der Mesner fast täglich in die Kirche, wo er sich um die Kerzen und die Blumen kümmerte. Wenn etwas Organisatorisches mit dem weißgekleideten Auftraggeber im Pfarrhaus besprochen werden musste, rief mir der Einarmige mit einem Augenzwinkern zu: „He, roter Teufel, du sollst zum Herrn Pfarrer rüber gehen, er will mit dir reden!"

Solo für Stonehenge

Zum ersten Mal fuhr ich mit 23 Jahren nach England. Es war August. Auf dem Weg zur Fähre in Calais hatte ich einen Autostopper namens Dave aufgeklaubt. Weil ihn endlich einer mitnahm, schenkte er mir spontan ein geknüpftes Freundschaftsarmband. In London gingen wir in ein Pub, das er kannte, wo ich eine Suppe aß. Danach wollte ich lieber aus der hektischen Stadt hinaus. Der Linksverkehr war ziemlich anstrengend. Eigentlich hatte ich vor, Stonehenge, Avebury und Cornwall anzusehen, aber da Dave in Bournemouth wohnte und mich einlud mitzukommen, chauffierte ich ihn in seine Heimatstadt im Süden. Außerdem lag der Ort am Meer.

Dave verschaffte mir ein Quartier im Garten von Mif, der Mutter seiner Ex-Freundin Jaqueline. Hier stellte ich mein Zelt auf. Mif war eine fröhliche Person. Wenn sie im Radio etwas von Elvis Presley hörte, die brandneue Musik ihrer Jugendzeit, dann drehte sie lauter und tanzte mit nackten Füßen auf dem Steinboden des Wohnzimmers. Im ersten Stock des Hauses hatte sie

Problemkinder untergebracht, Freunde ihrer Kinder, meist Drogen- oder Tablettensüchtige, um die sie sich wie eine Mutter kümmerte.

Dave verschaffte einem Freund einen Job, indem er mich zur Bemalung meines Autos überredete. Dieser Künstler bearbeitete die Front meines Renault mit dem Luftpinsel. Nun stak das Schwert Excalibur in einem Stein auf meiner Motorhaube. Nach zwei Wochen sagte ich Mif und Dave Good-Bye und fuhr nach Stonehenge.

Es war Vollmond und Sonntag. Viele Familien strichen zwischen den Felsen umher. Ich saß am Rand auf einem Stein, bestaunte das Monument, das einzigartig war auf unserem blauen Planeten, und dachte, wie es wohl gewesen wäre, als Opfer der Druiden, in ein Erdloch gesperrt, auf den Tod zu warten. Gewiss keine schöne Vorstellung, von den Druiden massakriert zu werden.

Lange saß ich auf dem Stein und sinnierte in der Nachmittagssonne. Die Zeit schien stehenzubleiben. Das Gelände wurde um sieben Uhr abends von der Polizei gesperrt. An der Rückseite, hinter dem Drahtzaun, traf ich auf zwei

Deutsche, die in einem Zelt saßen. In der Nacht wollten sie über den Zaun steigen und zwischen den Felsen die Druiden imitieren. Das interessierte mich nicht.

Ich fuhr ein Stück weiter. Am Fuße eine nahe gelegenen Hügels graste hinter einem Zaun eine große Kuhherde. Nun wollte ich etwas Unsinniges tun, es war ja Vollmond. Ich holte mein Saxophon aus dem Auto, stieg über den Zaun und trötete dem Vieh was vor. Erst schauten die Kühe dumm, dann kamen sie näher und scharten sich um mich.

Mir wurde es bald zu eng, so mitten in der Herde. Ich kletterte über den Zaun zurück ins Freie. Den Hügel wollte ich noch besteigen, ehe ich weiter fuhr. Oben angekommen, spielte ich auf dem Tenorsaxophon einen Blues für alle von den Druiden geopferten Menschen. Ich trug eine weiße Hose und einen weißen Dschellaba und spielte im weißen Mondlicht ein Solo für die Opfer von Stonehenge, während sich dunkel die schweigenden Felsen gegen den Horizont abhoben.

Das Kuriosenkabinett
von Porjus

Ein Stück vor Jokkmokk trabt, zusammenge-drängt und gemächlich, eine Herde Rentiere auf der Bundesstraße. Die Autofahrer müssen war-ten, bis die Tiere vorbei sind. Wir warten auch, in unserem Campingbus, wir sind unterwegs zur Mitternachtssonne. Jokkmokk, die Stadt, in der sich jeden Februar die Sami aus allen vier Ländern treffen, liegt knapp über dem Polar-kreis unseres blauen Planeten.

Eine halbe Fahrstunde nördlich von Jokk-mokk befindet sich Porjus. Das Interessanteste dort ist ein Laden, vor dem ein alter rostiger Bedford im Gras parkt. Um einige Dinge zu be-sorgen, die wir auf unserer Reise durch Lapp-land benötigen, halten wir vor dem Haus. Wenn man es betritt, geht man durch den Raum mit den vielen Messern und der Sitzecke mit Kaf-fee und betritt links einen Raum, in dem ein Bär hockt, neben dem eine zeigerlose Standuhr steht - ein Symbol der Zeitlosigkeit.

Es gibt Bier aus Jokkmokk, getrocknetes Rentierfleisch, geräucherten Lachs aus Wildfang, Schnaps, selbstgemachte Kuchen, mit Hjotron-Beeren gefüllte Waffeln, Kaffee und Tee. Kunstvolle traditionelle Messer der Lappen, Rentierfelle, alle Arten von Souvenirs und Teile von Geweihen. Ringe, Armreifen, Halsketten, Zwirn auf Spulen, Nähnadeln, Zippverschlüsse, Aschenbecher, Wollmützen, Handschuhe und Fellhausschuhe. Ansichtskarten, Gartenzwerge, Gummistiefel, Weihnachtsmänner und einen ausgestopften Bären, der in seinem Arm ein Körberl mit kleinen Plüschbären trägt. Bilderrahmen, gerahmte Bilder und Photographien, verschiedene Wimpel, eine Ziehharmonika, ein großes Röhrenradio, Zahnriemen für PKW, Motoröl, Fischereibedarf, Infrarot-Wärmedecken gegen Rheuma, Puppen in der blauen Tracht der Lappen, ein schwarzes Drehscheibentelephon, einen ausgestopften Fuchs auf dem Fensterbrett und vielerlei mehr. Es ist weder ein Auto-Ersatzteilladen, ein Lebensmittelgeschäft, ein Messergeschäft, ein Café, ein Souvenir-Shop oder ein Loppis, sondern alles zusammen. Zwei Paar alte Langlaufschi, die unter der Decke des Raumes hängen, runden das wundersame Bild ab.

Meine Frau ist hellauf begeistert von dem Laden. Nachdem wir uns mit Nahrhaftem und

Mitbringseln eingedeckt haben, sitzen wir auf der Bank vor dem Haus und unterhalten uns lange mit Björn über skandinavische Geschichte, die Wikinger, die gegenwärtigen politischen Parteien in Schweden, den Flüchtlingsstrom und auch über deutsche Adeligenfamilien, die sich früher in großem Stil hier einkauften.

Björn ist etwa dreißig Jahre alt, hat Politologie in Lulea studiert und kann stundenlang über historische und politische Verhältnisse referieren, oft mit trockenem Humor unterlegt. Eigentlich sollte er einen Job als Dozent an einer Uni übernehmen. Seit sein Vater gestorben ist, hilft er seiner Mutter im Laden und verkauft das kunterbunte Allerlei. Irgendwie hängt er hier fest, ist unglücklich und übergewichtig. Wir schütteln seine schlaffe Hand und fahren weiter nach Norden.

Der Pirat im Orangenhain

Das Zigeunerleben lockte, sobald ich eine bestimmte Summe angespart hatte. Dann standen Reisen an. So war das immer, als ich in meinen Zwanzigern war.

Wieder einmal fuhr ich nach Spanien und Portugal. Valence, Arles, Beziers, Girona. Im Montserratgebirge stapfte ich hunderte Stufen hinter dem Kloster den Berg hinauf, zu den Höhlen der Eremiten. Felswände wie riesige Finger. Als ich zum Parkplatz zurück kam, spuckte ein Autobus soeben eine Unzahl Nonnen aus. Ich konnte nicht anders, als meinen Opel Caravan vor der Front der schwarz gekleideten Frauen mit laut quietschenden Pneus vom Parkplatz zu jagen. Eine Art diabolischer Freude erfüllte mich dabei.

Es war Oktober, als ich im spanischen Hinterland, wie meist, im Auto schlief und eines Morgens mit einem unangenehmen Ziehen im Unterleib erwachte. Ich schaffte es gerade noch ins Freie und warf pflichtbewusst die Autotür hinter mir zu. Die Schlüssel steckten im Zündschloss. Alle Türen waren verriegelt. Ich saß fest, abseits jeder menschlichen Ansiedlung. Ein Fenster einschlagen wollte ich nicht.

Ich marschierte zur nächsten Landstraße und versuchte, ein Auto anzuhalten. Nach einer Weile gelang das. Mit Gebärdensprache lotste ich den Mann zu meinem versperrten Vehikel. Der Spanier nahm seinen Schlüsselbund und probierte alle durch. Ich belächelte ihn innerlich. Aber einer passte tatsächlich! Der Schlüssel seines Seat öffnete meinen Opel. Ich war sehr überrascht. Der Spanier fuhr weg, ohne meine angebotenen Peseten zu nehmen.

Tage später parkte ich in einer Orangenplantage, durch die eine kleine Straße führte, und schlief im Wagen. Als ich die Augen öffnete, blickte ich in das Gesicht eines etwa 15-jährigen Jungen mit leicht debilen Gesichtszügen. Er starrte stoisch beim Fenster herein. Ich stieg aus. Er starrte mich an. Seufzend setzte ich mich ans Steuer, kurbelte das Fenster herunter, fuhr langsam an und entzündete an einer zwischen den Oberschenkeln festgeklemmten Streichholzschachtel einen Faschingskracher - einen sogenannten Piraten. Ich warf ihn nach hinten zu dem Jungen. Es krachte. Laut. Sehr laut! Aber - im Auto!

Alles war voll mit beißendem Rauch. Ich hielt an, sprang aus dem Wagen. Die Augen tränten, das betäubte Trommelfell schmerzte. Der behinderte Junge stand unverändert da, sein Fahrrad zwischen den Beinen. Er lachte. Aus meinem Auto drang der Qualm. Ich hatte das Fenster der hinteren Tür ein bisschen offen gelassen, um in der Nacht Orangenduftluft zu bekommen. Durch diesen Spalt war der Kracher in das Auto zurück geflogen.

Und war drin explodiert, auf meinem schwarzen Filzhut. Er schwelte noch. Ich ärgerte mich, nahm einen zweiten Piraten, den ich dem Jungen vor die Füße warf. Er hielt kurz still, bis die Nervenleitung sein Hirn erreichte, dann ließ er das Fahrrad fallen und hetzte mit bockartigen Sprüngen davon. Nun konnte ich auch lachen. Als ich wegfuhr, schämte ich mich. Ich nahm den zerfetzten stinkenden Hut und warf ihn hinaus.

Der den Teufel köpfte

Mitte der Achtziger Jahre entdeckte ich in einem Thrift Store in Squamish, Kanada, ein Buch über den „Heiligen Gral und seine Erben". Zurück in Europa, fuhr ich im Jahr darauf nach Südfrankreich, ins Languedoc, zu dem im Buch beschriebenen Dorf, dessen Pfarrer vor hundert Jahren großen Reichtum erlangt hatte.

Das Rätsel bestand darin, dass niemand wusste, wie er reich geworden war: durch Simonie, Erpressung, einen Goldschatz oder gar den Heiligen Gral? Wie auch immer, das kleine Dorf, malerisch auf einem Hügel gelegen, zog die Neugierigen in Scharen an. Dass im Eingangsbereich der Kirche eine das Weihwasserbecken tragende Teufelskulptur hockte, trug etwas Schauriges zur Mystik des Ortes bei.

Auch Anfang der Neunziger Jahren, als ich zweimal nach Portugal fuhr, steuerte ich diesen Ort in Südfrankreich an. Ganz in der Nähe des Dorfes, nur ein Stück den Hügel hinunter, entdeckte ich auf einem verwilderten Grundstück einen Brunnen. Ich hielt an, um meinen Wasserkanister aufzufüllen. Hinter einem Gebüsch sah ich einen bewohnten Postbus. Ich öffnete die Tür und fand eine Gruppe junger Leute vor, alle auf dem Boden sitzend. Einer von ihnen, ein gewisser Daniel, mit dunklem Vollbart, der Besitzer des Grundstücks, lud mich zum Tee ein. Da saßen: seine Freundin, ein englisches Liebespärchen, zwei deutsche Männer, ein Franzose und ein Chilene, der nicht sprach. Mehr redeten die Deutschen, einer war auf der Flucht vor der Finanz, weil er seine Erbschaft nicht versteuert, der andere auf der Flucht vor dem Gesetz, weil er jemandem ein falsches Alibi gegeben hatte.

Zu später Stunde tranken wir statt Tee aus der Tasse Schnaps aus der Flasche. Es dauerte nicht lange, und das Rätsel des Reichtums des verstorbenen Pfarrers kam zur Sprache. Der berauschte Daniel brütete vor sich hin, dann schüttelte er die Faust gegen den Hügel. „Pfaffe: Wenigstens bist du nicht freiwillig gestorben!" rief er aus.

„Ja", setzte Marie, seine Geliebte nach. „Ermordet! Das hat er davon. Ist doch gruselig, sich des Teufels Weihwasser auf die Stirn zu schmieren, wenn man die Kirche betritt." Alle ausser mir nickten.

„Und darum hat Daniel dem Teufel den Kopf abgeschlagen!" sagte der ansonsten schweigende Chilene. - „Jawohl", gröhlte Daniel lachend und hieb sich auf den Oberschenkel. „Das musste einfach sein. Unter uns gesagt: eine alchimistische Angelegenheit!"

Als ich meinte, die Figur in der Kirche hätte doch einen Kopf, meinte Daniel: „Das ist eine Nachbildung. Und sie ist schlecht." - „Was hast du mit dem echten Teufelskopf gemacht?" fragte ich. - „Im Fluss versenkt. Zur Reinigung, verstehst du?" Ich nickte, obwohl ich nicht verstand.

„Manchmal baden wir dort im Sommer", kicherte Marie. „Das Wasser ist sehr kalt. Und es fühlt sich noch kälter an, wenn man weiss, dass der Teufelskopf unter deinen Füssen liegt." - „Und wo, in welchem Fluss liegt der Kopf?" fragte ich. - „Das weiss keiner ausser uns!" donnerte Daniel. „Keiner!"

Alle ausser mir nickten.

Dein Wetter nimmst
du immer mit dir

Mitte Februar nahm ich am frühen Morgen in Wien ein Taxi zum Flugplatz. Die Straßen waren stark verschneit. Eisiges Wetter, zwanzig Grad minus. „Für mich endet der Winter heute", sagte ich zum Taxifahrer.

Abflug. Umgestiegen in Frankfurt und Nassau. Nach zwanzig Stunden landete ich in der Hauptstadt von Costa Rica. Schönes Wetter, zwanzig Grad plus. Eine Bekannte schickte mir Helmut, einen Österreicher, der mir ein gutes Hotel empfahl. Wir gingen ein Bier trinken ins Tico, sein Stammlokal. Er lebte seit neun Jahren in San Jose. Eigentlich war er nur für einen Urlaub gekommen - und nie wieder zurückgekehrt. Seine Wiener Firma ließ er vom Anwalt auflösen. Hier hatte er zwei Kinder mit seiner Frau.

Die nächsten Tage besuchte ich ihn in seiner Werkstatt Maquirep, dann fuhr ich nach Puntarenas. Einheimische belagerten den verschmutzten Strand. Ich nahm die Fähre zur Halbinsel Nicoya und den Bus in die Pampa,

über eine lange Schotterpiste bis nach Montezuma, und in einem kleinen Hotel ein einfaches
Zimmer. Die Luft drin stand stickig still. Zwei
freie elektrische Drähte führten zum Dusch-
kopf.

In einem Gartenrestaurant schreckten mich
die vor einer Videoleinwand versammelten jungen Leute. Montezuma hatte sich selbst überholt.
Es war ein überlaufener Geheimtipp geworden,
wie viele Orte auf diesem blauen Planeten. Ein
schöner Strand, hohe Wellen, Tukane, Brüllaf-
fen, Schimpansen, Geckos, ein herrlicher Wasserfall im Dschungel, alles wunderbar. Nur die
vielen Amerikaner und Europäer störten mich.

Auf der Terrasse des Grand Hotels kam ich
mit Frank aus Virginia ins Gespräch, der zweimal in den Krieg nach Vietnam gezogen war.
Durch ihn stieß ich zu einer Männerrunde,
die abends auf der Terrasse hockte - mit Ge-
schichten, Witzen und Bier. John aus Florida,
der seit Jahren nach Montezuma kam. Ein Pole
aus Krakau. Der Kanadier Fred aus Edmonton,
der Deutsch sprach. Stefan aus Köln. Ein Aben-
teurer names International Ed, vermutlich aus
Überall. Und Frank.

Nach einigen Tagen fuhr ich zurück nach San Jose und an die karibische Küste, nach Puerto Viejo. Im Hotel Pura Vida legte ich, wie immer und in jedem Zimmer, zwei Fotos meiner kleinen Tochter auf das Nachtkastl. Eines der Bilder zeigte sie im Schaukelstuhl, keine zwei Jahre alt. Ich lebte mit diesen beiden Bildern.

Emotional war ich am Nullpunkt. Saß am Strand unter Palmen. Blickte auf das türkise Meer - und musste weinen. Da saß ich im Paradies und war todtraurig! Wegen Frau und Kind, die ich vor kurzem durch die Trennung quasi verloren hatte. Ich setzte die Sonnenbrille auf, damit keiner sah, dass ich dahinter plärrte. Es half alles nichts. Die Reise hatte mich nicht, wie erhofft, vom Schmerz abgelenkt. Er war mitgereist.

Der Rückwärtsdrall erfasste mich. Ich fuhr nach San Jose. Saß bei Helmut in der Werkstatt. Aß im Tico. Schaute CNN am Abend. In Jugoslawien tobte noch immer der Krieg. Der Vollmond stand am Himmel, als mein Flugzeug nach Nassau, in die ehemalige Piratenstadt abhob.

Der sich ein Ohr abschneidet

Erik war neun Jahre alt, als seine Eltern von Schweden nach Österreich zogen. Er wurde in eine Kärntner Volksschule gesteckt, ohne ein Wort Deutsch zu beherrschen. Nach der Matura zog er nach Wien, studierte ein paar Jahre, resignierte dann und begann, in einem Comix-Laden zu arbeiten. In seiner Junggesellenzeit saß er oft im Café Schikaneder, das in der Nähe seiner Wohnung lag. Dort lernte er seine zukünftige Frau kennen, und sie bekamen drei entzückende kluge Töchter.

In der kalten Jahreszeit war oft eines der Mädchen verkühlt oder kränklich. Eines Tages schickte seine Frau Erik zur Apotheke, Medikamente für die Kinder zu holen. Zuvor ging er auf die Bank und hob 800 Euro ab. Während er in der Warteschlange der Apotheke stand, begann die Haut hinter seinem Ohr zu jucken. Seit einigen Jahren litt er unter einem unerklärlichen juckenden Ausschlag, der mehrere Ärzte und Krankenhäuser zu verschiedensten Diagnosen bewogen hatte, ohne eine Therapie zu finden. Nun platzte eine Pustel hinter dem Ohr auf.

Erik hatte eine Nagelschere dabei und schnitt sich ein paar Haare hinter dem Ohr ab, welche die Pustel verklebte. Das sah die Apothekerin.

Sie wählte den Notruf der Polizei: Hier ist ein Mann, der sich ein Ohr abschneidet! Vielleicht hielt er sich für Vincent van Gogh? Wenige Minuten darauf stürmten die Polizisten, die in der Nähe gewesen waren, in die Apotheke und erblickten Erik, die Nagelschere in der Hand. „Werfen Sie die Waffe weg!" herrschten sie ihn an.

Erik warf die Nagelschere zu Boden. Er wurde von den Beamten gepackt und ins Freie gezerrt. Eine zweite Funkstreife traf ein. Nun waren vier Männer mit dem vermeintlichen Ohr-Abschneider beschäftigt, warfen ihn auf den Gehsteig und setzten sich auf seine Arme und Beine. Das Gesicht hatte Erik am Asphalt des Gehsteigs. Passanten blieben stehen. Ein Polizist öffnete Eriks Brieftasche und blätterte in den Hunderterscheinen. „Aber das Geld gehört schon dem Herrn da am Boden, nicht wahr?" hörte Erik einen älteren Passanten rufen.

Der Beamte verstaute die Brieftasche. Erik wurde ins Irrenhaus auf die Baumgartner Höhe gebracht, wo ich ihn eine Woche später besuchte. Er sagte, dass er noch etwa zwei Wochen zur Beobachtung bleiben müsse, man vermutete Depressionen. Den unheimlichen Hautausschlag konnten sie auch hier nicht erklären.

Als Erik entlassen wurde, gab man ihm die persönlichen Dinge zurück, auch die Brieftasche. Wie überrascht war er, als er entdeckte, dass nur noch vier der ursprünglichen acht Hunderter drin lagen ... sowie zwei gefälschte gelbe Zweihundert-Scheine, fotokopiert, aus dickem Papier und einfach als Fälschung zu erkennen.

„Dein Freund und Helfer!" sagte ich, als er mir davon erzählte und die Scheine zeigte. Ich riet ihm von einer Anzeige ab. Die ehrbaren Beamten würden den Spieß umdrehen und ihn bezichtigen, Falschgeld in Umlauf zu bringen. Worauf Gefängnis stand. Jetzt war klar, warum der Polizist so neugierig in der Brieftasche geblättert hatte.

Sehnsucht nach Freiheit

Immer der Nase und der Sonne nach zu fahren, dem Winter und der Kälte Wiens und dem Trott des Alltags zu entfliehen, um im Süden unter Palmen zu liegen, das erschien mir als der Inbegriff von Freiheit. Soeben 25 Jahre alt geworden, wollte ich dieser Sehnsucht nachgeben und nach Afrika fahren. Mein alter Lieferwagen, den mir eine Freundin geschenkt hatte, besaß keinen Zulassungsschein, keine Fußbremse und keinen linken Scheinwerfer, dafür eine Handbremse sowie mehrere Rostlöcher in der Karosserie.

Ich richtete mir ein Bett im Wagen, lud Kleidung, Gitarre und eine antike Schreibmaschine ein und fuhr los. Noch ehe ich Wien verlassen konnte, verursachte ich auf dem Getreidemarkt einen Verkehrsunfall, rammte einen vor mir fahrenden Kleinbus des Bundesamtes für Zivilluftfahrt. Zum Glück gab es nur Blechschaden. Im Stauverkehr hatte ich den Wagen, auf die Handbremse angewiesen, nicht rechtzeitig zum Stillstand bringen können. Nach dem Austausch der Daten fuhr ich singend weiter.

Schließlich war ich auf dem Weg nach Afrika. Nichts konnte mich aufhalten. Später bemerkte ich das Fehlen der vorderen Nummerntafel. Aus Holz bastelte ich eine neue und bemalte sie.

An der Autobahngrenze am Walserberg wiesen mich die Zöllner nächtens zurück, weil nur ein Scheinwerfer funktionierte. Die ebenfalls bemängelten Rostlöcher stopfte ich mit Grasbüscheln aus, fuhr zum nächsten Grenzübergang und erzählte, dass ich bloß nach Traunstein wollte, das Auto zu reparieren. Sie ließen mich durch! Auf nach Afrika!

Bis Südfrankreich fuhr ich ohne Halt, mit ans Lenkrad geklebten Händen, den Fuß wie Senkblei am Gaspedal. Die Täler des Ardêche erstrahlten silbrig im Vollmondlicht, alte Steinhäuser huschten durch das Licht des singulären Scheinwerfers. Katharerburgen klebten wie Adlernester auf den Hügeln des Languedoc.

Katalanische Dörfer, mittags ausgestorben. Ich jagte den Wagen über die Gerade der Sierra Madre. Mit der Fähre setzte ich von Algeciras nach Afrika über. In der Schiffsbar bestellte ich einen Cognac, um auf den Abschied von Europa zu trinken. Gegen Mitternacht legte das

Schiff im Hafen von Ceuta an. Die Stadt war noch recht lebhaft für die späte Stunde. Spanische Soldaten wanderten durch die Straßen. Huren warteten unter Laternen.

Die Lichter der Stadt blieben hinter mir zurück. Irgendwo fuhr ich von der Straße ab und parkte das Auto im Sand, schlief mit einem beruhigenden Meeresrauschen im Ohr ein und erwachte von einem grauenhaften Geräusch, das fortwährend lauter wurde. Panisch sprang ich aus dem Auto.

Vor mir war das Meer. Ich wandte mich um. Hinter mir lag die Landstrasse - und auf dieser rollte eine lange Reihe von Panzern. Von jedem Turm blickten zwei barettgeschmückte Köpfe. Die grausam rasselnden Zerstörungsmaschinen brachten mir den permanenten Krieg auf unserem schönen blauen Planeten in Erinnerung. Hinter den Panzern marschierten in zwei langen Gänsereihen die Fußtruppen. Keine Spur von Freiheit!

Camping auf Cres

Im Sommer besuchte ich meinen Astrologiefreund Sigi im Burgenland. Wir ackerten mit seinem Pferd und einem alten hölzernen Pflug auf archaische Weise das Feld um. Die Kuh wurde gemolken für Käse, Topfen und die Milch im Kaffee. Etwas später kam Sigis Mutter im VW-Bus an. Ich erfuhr, dass sie und Sigi einst zwölf Jahre in demselben Haus und auf demselben Flur in der Taborstraße ihre Wohnung hatten, wo ich bis vor kurzem mit Chiara gelebt hatte - und wo sie jetzt ohne mich wohnte.

Ende September entschloß ich mich, mit Chiara an die Adria zu fahren. Sie war noch nie am Meer gewesen. Ich holte sie mit dem Wohnbus aus der Taborstraße ab. Im Südwesten Ungarns machten wir Halt bei einem Freund, der in Kalifornien gelebt hatte und nun hier in diesem Kuhdorf seine Pension verbrachte. Er erzählte, im März hätten einige Leute seines Dorfes, darunter der Bürgermeister, ein UFO gesehen. An die zwanzig Minuten lang stand es über den Häusern.

Über Lenti und Ptuj fuhr ich in Richtung Ljubljana. Kurz vor der Autobahn kam ich in der Nacht an einen blinkenden Bahnübergang mit fünf Gleisen, fuhr ein und bremste ab. Als ich zurückschob, senkte sich hinter mir der Schranken. Ich stieß mit dem Heck des Busses dagegen. Eine alte Lok trödelte vorbei. Es folgten ein Palaver mit den verärgerten Beamten und eine Anzeige.

Am nächsten Tag erreichten wir das Mittelmeer. Kurz nach Mittag setzten wir mit der Fähre auf die Insel Cres über. Chiara befürchtete, dass das Schiff unseren Bus und die vielen Autos vielleicht nicht tragen könnte. Nach dem Mittagessen am Hafen fuhren wir auf einen Campingplatz und sprangen sofort ins Meer. Doch am nächsten Morgen war es kühl und stürmisch. Erst am Nachmittag besserte sich das Wetter. Chiara nahm mutig und lachend ein Wellenbad. Mir war es zu kalt und zu windig, ich blieb an Land. Sie nannte mich einen Warmduscher.

Am folgenden Tag war der Wind zwar weg, aber das Meer plötzlich sehr kalt. Ich ging nur kurz ins Wasser, Chiara viel länger. Tags darauf war sie verschnupft, hatte sich erkältet. Sie saß still im Bus und tat so, als ob sie in einem Buch lesen würde. Zu Mittag im Restaurant bekam sie Durchfall und hechtete auf die Toilette. Später las ich ihr im Bus eine Geschichte vor und kochte Kräutertee, während die Dame geschwächt im Bett lag.

Ehe wir zum Abendessen gingen, gab es ein großes Geplärr, weil sie keine der beiden vorhandenen Hosen anziehen wollte: Die rot-weiß gestreifte Hose sei eine Turnhose, das sähe ja ein jeder, und die Jeans würde sie nur mit Gürtel tragen, aber den hatten wir irgendwo verschludert. Chiara war vier Jahre alt. Also ging sie an diesem kühlen Abend mit der kurzen Hose ins Restaurant.

Nach einer Woche fuhren wir nordwärts, über Rijeka und Maribor nach Spielfeld und Wien. Am Abend erreichten wir die Taborstraße. Chiara hatte die zehnstündige anstrengende Fahrt - im Gegensatz zur Hinreise - mit bewundernswertem Gleichmut ertragen und nur kurz geschlafen. Das Wichtigste war wohl, dass es heimwärts zu ihrer Mama ging.

Test #1 : Wed. 3ʳᵈ

$$\sqrt{a^2-x^2} \qquad \cos\theta = \frac{\sqrt{a^2-x^2}}{a}$$

$$\sqrt{a^2-x^2} = a\cos\theta$$

If $\quad x = a\sin\theta$

then $\quad dx = a\cos\theta\, d\theta$

eg. $\displaystyle\int x^5 \sqrt{4-x^2}\, dx \qquad \left(\begin{array}{l} \text{Let } x = 3\sin\theta \\ dx = 3\cos\theta\, d\theta \\ \sqrt{4-x^2} = 3\cos\theta \end{array}\right)$

$= \int (3\sin\theta)^5 (3\cos\theta)\, 3\cos\theta\, d\theta$

$= 3^9 \int$

$= 3^9 \int$

$= 3^9 \left(\right.$

$= 3^9 \left(-\right.$

$= -27$

Der Schulfreund

Mein Schulfreund Egon war ein kleiner unscheinbarer Typ mit großen abenteuerlichen Aspekten. In der zehnten Schulstufe sah er noch immer wie ein Unterklassler aus, aber mit 19 arbeitete er als privater Call-Boy für vereinsamte Frauen in Saarbrücken. Egon konnte Gedichte nur so aus dem Ärmel schütteln. Auf einer Zugfahrt von Frankfurt nach Wien schrieb er ein ganzes Heft mit Hexametern und Vierzeilern voll. Jammerschade, dass er nur 23 Jahre alt wurde, weil er in Indien sein Leben beendete.

In Frankfurt war er bei einer Zarathustra-Sekte gewesen, die außerkörperliche Reisen praktizierte. Manchmal kehrte dabei ein Neuling nicht mehr in seinen Körper zurück, erzählte Egon, dann karrte man die Leiche nachts in irgendeinen Wald und bedeckten sie mit Laub und guten Wünschen. Auch in Marokko war er bei einer Sekte gewesen, den Children Of God. Leute, die darauf spezialisiert waren, verwirrte Hippies einzusammeln und zu ihren Jüngern zu machen.

Egons Kindheit war problematisch gewesen. Die Eltern wollten ihn nicht. Die Mutter war nach der Trennung vom Vater zu ihrem neuen Mann ins Ausland gezogen. Der Vater lebte mit Egon in Graz, ein strammer Patriot, für den Zucht und Ordnung das Wichtigste im Leben darstellten. Er schob den ungeliebten Sohn nach Wien ab, wo Egon bei seiner Großmutter lebte und Jahre später in meiner Handelsakademie auftauchte.

Er wohnte am Rande der Großstadt, in der Blumengasse des Kapellerfelds. Und er wurde ein Blumenkind, mit langen Haaren und fremdartigen Rauchgewohnheiten. Er warf die Schule hin und arbeitete in der Galerie am Burgring, später nebenan im Café des Burgkinos. Sein Onkel besaß einen Würstelstand am Südtirolerplatz, dort half er zusätzlich nachts aus, weil er für seine Indienreise Geld sparte. Ich parkte mein Auto neben seinem Stand, wenn ich unterwegs war, holte mir eine Heisse mit Senf und plauderte eine Weile mit dem Ex-Schulkollegen, der gerne ein Zitat von Rimbaud über den Pult warf.

Egon war es auch, der mich Mitte der 70-er Jahre auf die Bude einer Burschenschaft mitschleppte, die in der Berggasse logierte, wenige Meter neben der Rossauer Kaserne, in eben jener Gasse, in der einst Sigmund Freud ordiniert hatte. Keine Ahnung, wen mein quirliger Schulfreund da kannte. Zufällig war ein alter Herr anwesend, bereits über Achtzig, der uns gesellig von seinen engen Kontakten zum Bundesheer erzählte.

Hier offenbarte sich uns Österreichs faschistische Aorta. Im Brustton der Überzeugung versicherte der Alte, dass „unsere Mannen", seine Freunde beim Heer, das kleine Land Österreich in einem Staatsstreich übernehmen könnten. Sie wären ausreichend viele, meinte er. Die unbequeme Wahrheit hinter seinen Worten war, dass wir in dieser modernen Zeit noch ein faschistisches Österreich haben könnten. Falls ein Haufen Wirrer das so wollte. Gab es wirklich soviele Rechtsextreme beim Militär?

Wir schwiegen, schüttelten ungläubig den Kopf und sahen zu, dass wir rauskamen aus dieser Bude.

Coppolas Banner

Renate arbeitete im Star-Kino in der Wiener Burggasse, und wenn ich mir dort einen Film ansah, sprach ich mit ihr. Wir kannten uns aus einer WG in Floridsdorf, wo sie mit einem Mitbewohner eine Zeitlang liiert gewesen war. Damals waren wir auch miteinander ausgegangen. An der Kinobar sagte sie, dass sie gerne zum Filmfestival nach Cannes fahren würde. Diesmal war es das dreißigste, ein Jubiläum. Da ich freie Zeit hatte, schlug ich vor, mit meinem Auto hinzufahren. Ein paar Tage darauf waren wir unterwegs zur Côte d'Azur.

In Cannes nahmen wir ein Zimmer in einer Pension am Stadtrand. Bald schon wohnten wir aber auf einem Katamaran, der vor dem Hotel Carlton ankerte. Renate hatte Dave, einen bärtigen Engländer kennengelernt, der allein auf dem großen Boot war und uns anbot, dort gratis zu logieren. Das Schiff besaß vier separate Zimmer mit Dusche und WC sowie einen riesigen Salon.

Der Mai war schön und heiss. Wir lagen viel im Sand und gingen schwimmen. Karten für

Filmvorführungen hatten wir nicht. Knapp über dem Wasser flog jeden Tag mehrmals eine Cessna über den Strand und zog ein flatterndes Banner nach, auf dem geschrieben stand: „Apokalypse Now Shooting!" Doppelter Sinn der Worte?

Die 21-jährige Renate, zwei Jahre jünger als ich, ging als Schwester der Bardot durch. Sie besaß lange blonde Locken, volle Lippen und sah der Schauspielerin ähnlich. Wenn wir auf der Promenade spazieren gingen, zog sie alle Blicke auf sich. Sie lernte Leute aus dem Freundeskreis um Roman Polanski kennen, und wir saßen oft auf der Café-Terrasse des Carlton mit ihnen zusammen. Eines der Gesprächsthemen war Polanski, der diesmal nicht nach Cannes kam. Zwei Wochen zuvor war er aus den USA, wo man ihn kurz inhaftiert hatte, nach Paris geflohen und abgetaucht.

Verrückte Leute gab es zur Genüge auf der Croisette. Junge Möchtegern-Starlets zogen sich am Strand nackt aus, von Photographen umschwirrt. Auf der Hoteltreppe des Carlton begegnete man diesem oder jenem Filmstar. In einem Straßencafé saß Geraldine Chaplin zwei Tische neben uns. Die rauhe Schönheit ihres Gesichtes faszinierte mich.

Segeln mit Dave war eine Erholung vom Trubel rund um das Festival. Ich lag im Netz zwischen den Rümpfen des Katamarans, wenn wir zu einer der vorgelagerten Insel kreuzten. Gegen Ende des Festivals wollte Renate nicht mehr nach Wien zurückfahren, sondern mit einigen Leuten nach Amerika fliegen. Letztlich war es der Neffe von Francis Ford Coppola, der sie einlud, in seiner Privatmaschine mit nach Hollywood zu kommen. Dieser Neffe nannte sich Nicolas Cage, ein Angeber, der angeblich Schauspieler werden wollte.

In einem Straßencafé führten Renate und ich unser letztes Gespräch. Natürlich würde sie mitfliegen. Hollywood! Diese Chance hatte man nur einmal im Leben. Man wollte eine neue Bardot aus ihr machen. Unsere Affaire war vorüber.

Und wieder flog die weiße Cessna über die Croisette, mit Coppolas Fahne und der Aufschrift: „Apocalypse Now Shooting!"

Gratwanderung

Es war meine erste Bergwanderung, die ich mit 23 Jahren allein unternahm. Vom Eisenerzer Geburtshaus August Musgers, des Erfinders der Zeitlupe, der verlangsamten Zeit, ging ich in die Berge, um die Ruhe und die Langsamkeit zu genießen. Ich wollte das Hochschwabgebirge von West nach Ost überqueren. Ein Schild in der Frauenmauerhöhle warnte: Eine dreißigköpfige Gruppe war in diese Höhle gegangen und nie wieder gesehen worden. Also ging ich nicht hindurch, sondern über den steilen Kamm, und dabei ging mir die Luft aus.

Das Wetter war prächtig. Ein herrlicher Spätsommer. Die Stille, die Ruhe, die gute Luft. Abseits der Großstadt. Hoch über dem hektischen Treiben der Zivilisation. Die Menschheit war hinter den Mauern ihrer Sicherheit ängstlich und manipulierbar geworden, hatte vieler ihrer Freiheiten verloren. Nur in den Bergen fühlte ich mich noch frei. Hier, auf den lichten Höhen unseres blauen Planeten, konnte ich gut nachdenken, reflektieren und philosophieren.

Über die Sonnschienalm wanderte ich zum Sackwiesensee und nahm ein kühles Bad im eisblauen Wasser. Hinter dem See schlug ich das Zelt auf. Am Morgen führte mich der Weg, vorbei an mächtigen Felsen und weiten Almen, zur Hirschgrube, den Hundsböden und auf schmalem Pfad zum Rauchtalsattel. Zuletzt kam der im Schnee liegende Gipfel in Sicht, der Hochschwab. Recht langsam ging ich hinauf, drehte oben um und schlenderte hinunter.

Diese Nacht schlief ich im Schiestlhaus, das eine Renovierung nötig hatte. Nach dem Frühstück ging es weiter Richtung Voitsthaler Hütte. Meine Gedanken schweiften zu meinen Alltagsproblemen unten in den Niederungen, aber nur kurz, dann verblies sie der Wind. Beim Abstieg lief ich gern ein Stück über die Wiesen, Hänge und Geröllhalden, ein übermütiges Bergablaufen, eine Art Trance. Ich erinnerte mich der tibetischen Lungomläufer, die innerhalb eines Tages alle heiligen Orte West-Tibets aufsuchten, indem sie über Schneefelder und Abgründe sprangen.

An einer schmalen Stelle des Pfades, einen Abgrund zur Linken, lief ich soeben fröhlich dahin, als eine Kurve enger und enger wurde und ich das Abbremsen nicht mehr schaffte, weil der schwere Daunenschlafsack, der auf den Rucksack geschnallt war, über den Kopf nach vorne rutschte. Ich verlor das Gleichgewicht und fiel. Ich krallte mich an Grasbüscheln fest, rutschte ein Stück und fand Halt.

Um ein Haar wäre ich abgestürzt. Eine Gratwanderung zwischen Leben und Tod. Ein Blick in die schaurige Tiefe, und ich robbte nach oben. Stellte mich auf die Beine. Den Rest des Tages ging ich bedächtig, sehr nachdenklich, sehr verlangsamt und etwas zittrig meines Weges.

An der Voithsthaler Hütte vorbei, marschierte ich auf Aflenz zu. Ich hielt einen VW-Käfer mit Wiener Kennzeichen an. Ein alter Richter steuerte ihn und nahm mich mit in die Großstadt, in den Lärm, dorthin, wo ich irgendwie nicht hin wollte. Der Richter war Hirsche jagen gewesen. Dass gerade Schonzeit war, störte ihn nicht.

Die Insel des Flüssigen Sonnenscheins

Ein alter Mann saß in der Morgendämmerung am Strand von Dominica. Er sah vier weiße Rucksacktouristen und einen Schwarzen ohne Gepäck, die von einem Segelboot stiegen und an Land wateten. Er beschimpfte sie, denn er verstand, dass sie nicht zum Immigration Office gingen. Gewiss nicht. Wir enterten die Insel ohne Erlaubnis. Keiner von uns verfügte über ausreichend Geld oder die richtigen Stempel im Paß. Der Kapitän des Bootes wendete hastig und segelte nach Martinique zurück. Er wollte mit uns nichts zu tun haben.

Damit wir nicht von der Polizei entdeckt wurden, lotste uns Pippin durch die Hintergassen der Hauptstadt Rosseau. Wir hatten ihn auf Martinique aufgegabelt, wo er ohne Geld und Hoffnung gestrandet war. Jetzt nahmen wir unauffällig den Bus in sein Heimatdorf an der Küste - Mahaut. Es bestand größtenteils aus Holzhütten. Außerhalb des Dorfes stellten wir im Schatten der Bäume unsere Zelte auf. In der Nähe wuschen die Frauen Wäsche im Fluß. Die geschrubbten Kleider schlugen sie auf die Felsen und trugen die großen Körbe auf dem Kopf ins Dorf zurück.

Es gab keine giftigen Schlangen oder Insekten auf der Insel: beruhigend. Angeblich strömten 365 Flüsse durch das Land. Man konnte schwimmen und gleichzeitig das klare Wasser trinken. Man konnte barfuß durch den Dschungel streifen. Das reinste Paradies. Es regnete manchmal dünn und fein, und wenn dazu die Sonne schien, ergab das den „Liquid Sunshine", den die Einwohner so liebten.

Auf Dominica herrschte jedoch das Chaos. Fünf Monate zuvor hatte Hurrikan David 80 % aller Häuser der Insel beschädigt. Jede Palme und jeder Strommast war geknickt. Die Aufbau verlief schleppend. Die Insel ohne Strom war in einem Zustand wie vor hundert Jahren. Die Bevölkerung war arm - und befand sich im Wahlrausch. Eine Art kollektives Fieber hatte sie erfasst. Man forderte die Ablösung des alten korrupten Regimes. Auf dem Weg zu Versammlungen sausten mit Menschen beladene Lastwagen durch die Dörfer.

Die drei Weißen verließen die Insel nach Norden hin. Pippin sah ich kaum noch, er arbeitete im Hafen von Rosseau und schleppte schwere Lasten. Zum Karneval wollte er nach Trinidad fahren, daher musste er sparen. Selbst die Alten in Mahaut sprachen mit leuchtenden Augen von Trinidad, dessen Karneval für sie der Inbegriff der karibischen Lebensfreude war.

Jeden Freitagabend spielte in Massacre, einem Dorf in der Nähe, die Belles Combo auf. Ausgelassen tanzten die Menschen, einige barfuß. Ein voller Hexenkessel, aber pünktlich um zwei Uhr früh war Schluß, ganz die britische Tradition. Taxis gab es nicht. So stolperte ich mit Anderen aus Mahaut müde in die Nacht hinaus. Hügelauf und -ab, die unbeleuchtete Straße entlang. Kein Mondlicht, nur Sterne. Das Meer schimmerte schwach zur Linken. Gespenstische Menschen, vor und hinter mir. Augen, die im Finstern glühten. Schatten, die sich in mir unverständlichem Kreolisch über irgendwas unterhielten- vielleicht über mich, den seltsamen Weißen?

Paneuropeana

Meine Frau und ich beschließen, im kommenden Sommer vom Norden Norwegens in den Süden Spaniens zu fahren; eine Straße, die wir „Paneuropeana" nennen wollen und die entlang der Westküste des europäischen Festlandes führt, von Tromsö über Oslo, Amsterdam, Hamburg, Bordeaux, Santiago und Lisboa nach Sagres und Tarifa.

Das vereinte Europa hat es, mehr denn je, bitter nötig, etwas zu finden, das die Staaten verbindet, und wenn es nur eine lange Straße ist. Wie es so heißt: Der Weg ist das Ziel. Obwohl die Idee der Panamericana, der Strasse von Alaska nach Feuerland, beinahe hundert Jahre alt ist, gibt es eine solche Kultstraße für Europa noch nicht. Wir wollen sie nun erschaffen. Europa braucht das Verbindende dringend.

Alles, was wir selber zum Reisen brauchen, beherbergt unser weißer Wohnbus, das motorisierte Schneckenhaus. Um an den Start, den Nordzipfel Norwegens zu gelangen, müssen wir erstmal dorthin fahren. Es bedeutet, von

Wien über Deutschland und Schweden nach Lappland anzureisen. Fünf Wochen fahren wir zudem kreuz und quer durch Schweden, campieren an menschenleeren Seen, sitzen abends beim Lagerfeuer. Die Sonne geht gegen Mitternacht unter, die Nächte sind kurz. Regnerisch ist es überall, in Östersund, Strömsund und Hammerdal.

Wir haben Regen im Gepäck. Trüb ist es am Wasserfall von Hällingsafallet. Regentage sind Mückentage. Die Viecher überfallen uns abends in Schwärmen. Man muss sich vermummen und einsprühen. Auch Tromsö, der Ausgangsort der Paneuropeana empfängt uns mit Nebel und Regen, und das Anfang August. Wir parken den Bus außerhalb des Zentrums und suchen eine Bank, um Geld zu wechseln. Als wir zurück kommen, um den Parkschein auszufüllen, prangt bereits, eingepackt in eine regensichere Plastikhülle, der Strafzettel auf der Windschutzscheibe.

Über Anderdal geht es die Küste entlang nach Süden, eine schmale Straße. Leuchtende Berghänge im Abendlicht auf der Insel Senja. Die Fähre von Lödingen nach Bögnes. Wir erreichen die Ofoten, wo man die Bergspitzen der

Lofoten sieht. Am Polarkreis finden wir einen 1700 Jahre alten Kultplatz der Sami, drei Felsen, die zusammen wie eine Sphinx mit Affenkopf aussehen.

In Levang fängt es wieder zu regnen an und hörte nicht mehr auf. In Norwegen sollte man dort, wo Schönwetter ist, unbedingt bleiben! Fünftausend Jahre alte Felszeichnungen in Forvika zeigen Menschen bei der Jagd. Mit der Fähre zur Insel Sömna. Auf schmalen Rumpelstraßen schaukeln wir das Meer entlang. Die große Bundesstraße meiden wir, denn sie verläuft nicht an der Küste.

Zehn Tage Regen. Der Vorsatz, die Paneuropeana bis nach Portugal in einem Stück durchzufahren, löst sich im Regen auf. Kurz vor Trondheim haben wir genug vom ewigen Nass und flüchten zurück nach Schweden. Schon an der Grenze bessert sich das Wetter.

Die Paneuropeana zu fahren, das bleibt nun jemand anderem überlassen, und vielleicht auch, ein Buch darüber zu schreiben oder einen Film zu machen und den Ruhm zu ernten.

HANNES STUBER

Geboren in Wien, wurde aus mir im Laufe der Zeit unter anderem ... ein Gymnasiast + LKW-Fahrer + Radrennfahrer + Autofahrer + Buchhalter + Verkehrsampelreiniger + Restaurator + Pensionist + Nonkonformist + Schreiberling + Lektor + Leseratte + Träumer + Büchersammler + Schachspieler + Musikliebhaber + Tänzer + Astrologe + Smart-Phone-Verweigerer + Schirennfahrer + Buddhist + Reisender + Kornkreisebesucher + Wolkenauflöser + UFO-Forscher + Vater + Opa + Onkel + Ehemann + das alles in einer Person. Natürlich nicht in dieser Reihenfolge. Aber: ein gelungenes Straßenpotpourri, möchte man fast sagen.

Wenn Menschen etwas zu erzählen haben, dann schreiben sie ein Buch - auch heute, in der digitalen Welt. Aber obwohl das so ist, gibt es auf der ganzen Welt nur rund 1 Million lebende Autor*innen, nur 0,013% der Weltbevölkerung.

Das wollen wir ändern.

Weil wir Bücher lieben, wollen wir, dass alle Menschen Autor*in werden können, alle freien Zugang zum Buchmarkt haben und jedes Talent die Chance hat, entdeckt zu werden.

Und wir wollen, dass jede gute Geschichte erzählt wird. Life is a story.